BEDRIJFSGRO

EI

STRATEGISCH

KLEINE BESTE ZAKELIJKE IDEEËN VOOR BEGINNERS

Prof: Sehal Ahmad

2

Inhoudsopgave:

© Auteursrecht 2023-

Juridische kennisgeving:

Disclaimer:

Houd er rekening mee dat de informatie in dit document alleen bedoeld is voor educatieve en amusementsdoeleinden. Alles is in het werk gesteld om nauwkeurige, actuele, betrouwbare en volledige informatie te presenteren. Er worden geen garanties van welke aard dan ook verklaard of geïmpliceerd. Lezers erkennen dat de auteur niet betrokken is bij het geven van juridisch, financieel, medisch of professioneel advies. De inhoud van dit boek is ontleend aan verschillende bronnen. Raadpleeg een gediplomeerde professional voordat u de in dit boek beschreven technieken probeert.

Invoering

Groeistrategieën zijn belangrijk omdat ze ervoor zorgen dat uw bedrijf blijft werken aan pretenties die verder gaan dan wat er op het moment van aanvraag voorbijgaat.

Ze houden zowel leiders als werknemers geconcentreerd en op één lijn, en ze zetten je aan om op de lange termijn te denken.

Een visieverklaring legt uit wat uw bedrijf zou bereiken als er geen muren waren. Het is een beschrijving - voor uw investeerders, aandeelhouders, partners, gasten en werknemers - van waar u vijf, tien of zelfs twintig keer zou kunnen zijn, en de impact die u wilt dat uw kleine bedrijf op de wereld heeft.

Dus, ben je klaar om je bedrijf te laten groeien en een succesvol persoon te worden?

Blader vervolgens omhoog en klik nu op de knop "Toevoegen aan winkelwagentje"!

1: Bepaal uw visie:

Een visieverklaring legt uit wat uw bedrijf zou bereiken als er geen muren waren. Het is een beschrijving - voor uw investeerders, aandeelhouders, partners, gasten en werknemers - van waar u vijf, tien of zelfs twintig keer zou kunnen zijn, en de impact die u wilt dat uw kleine bedrijf op de wereld heeft.

Er moet een reden zijn geweest om uw specifieke bedrijf te starten. U moet een interesse, of een vaardigheid, of reden hebben gehad om te beginnen met handelen. En misschien heb je het gevoel dat je een klein bedrijf kunt runnen, van dag tot dag, zonder dat de 'marketingpluis' van een visie in de weg zit. Maar een duidelijke verklaring kan u op twee manieren helpen om zaken te doen.

Een goede visie helpt u om de drijvende kracht van uw bedrijf te verwoorden.

Een goede visie motiveert en inspireert uw zwembad (en gasten).

in plaats van, ter illustratie, te zeggen: "Ik wil de meest verheven kwaliteit, de meest populaire, mooi afgewerkte vergadertafels in het VK maken", zou je zeggen: "Ik wil een bedrijf opzetten dat mensen helpt samen te komen als partners in zaken. " Het is een gevoel van vaste richting. Het is inderdaad concreet als het hectisch ambitieus is, en het helpt iedereen te begrijpen waar je naartoe gaat, zodat ze je kunnen helpen daar te komen. Met name voor investeerders is een duidelijke visieverklaring een teken van bepaalde moraliteit en een provocatie voor zakendoen.

Tover groots. Stel je een wereld voor, 20 of 50 keer vanaf nu, die op de een of andere manier helemaal beter is. Stel je nu eens voor op welke manieren jouw bedrijf aan die verandering zou kunnen hebben bijgedragen. Hoe ziet die wereld er voor jou uit? Hoe leven mensen anders? Wat zou uw bedrijf als een dienst produceren of leveren, en hoe verschilt dat van wat u op dit moment doet?

Dit betekent niet dat u uw winst en verlies onvermijdelijk moet toestaan. Het betekent dat je rekening houdt met hoe je kunt uitbreiden, nieuwe producten kunt ontwikkelen, het 'aantal bot' kunt krijgen

' in uw verzoek, of geef het hoogste aantal onderscheidingen in een sector toe. Schrijf precies op wat u stukje bij beetje onderscheidt van uw uitdagers. Uw succes als eigenaar van een klein bedrijf hangt af van u en uw inbreng in de activiteiten van het bedrijf.

Gebruik de affaire van uw ontdekkingssessie om uw langetermijnpretenties de visie van uw bedrijf te concretiseren. Maak je geen zorgen als het in het begin 'te hoog' klinkt. En maak je geen zorgen over het opnemen van een lijst met specifieke punten. Dit moet inspirerend werken.

De specifieke woorden die u kiest, zijn belangrijk omdat ze betekenis en emotie produceren. Gebruik duidelijke, beknopte, straattaalvrije taal - maar insemineer uw uitspraken of uitdrukkingen ook met passie en beschrijvende woorden.

Werk aan variaties op de visie totdat ze de specifieke aard van uw kleine bedrijf en peloton weerspiegelen.

Het moeilijkste is om formuleringen te kiezen die uw waarden definiëren zonder te vaag te klinken.

Missieverklaringen zijn gebaseerd op het heden en brengen belanghebbenden en leden van de gemeenschap over waarom a

bedrijf bestaat en waar het momenteel staat. Visieverklaringen zijn ongegrond en bedoeld om werknemers te inspireren en richting te geven.

"De visie gaat over je pretenties voor de toekomst en hoe je daar komt, terwijl de lading gaat over waar je nu bent en waarom je leeft", zegt Paige Arno-Fenn, auteur en CEO van suckers & captains, een wereldwijde vestiging voor strategisch marketingadvies. "

De visie moet het peloton motiveren om een verschil te maken en deel uit te maken van goederen die groter zijn dan zijzelf. "

Missieverklaringen en visieverklaringen zijn beide cruciaal voor het opzetten van een merk. "Terwijl een aanklacht zich richt op het doel van het merk, kijkt de visieverklaring naar de vervulling van dat doel", zegt Jessica Honard, co-CEO van North Star Messaging Strategy, een instelling voor copywriting en messaging die ondernemers bedient.

Hoewel opdracht- en visieverklaringen de basisprincipes van uw vereniging moeten zijn, moet een visieverklaring dienen als leidraad voor uw bedrijf.

"Een visie is een ambitie; een aanklacht is praktisch ', zegt Jamie Salkowski, hoofd creatief officier bij marketing- en uitzendbureau Day One Agency.

Het creëren van de perfecte visieverklaring kan uitnodigend aanvoelen, maar dat hoeft niet zo te zijn. Volg deze suggesties en stijlvolle werkwijzen bij het casten van uw visieverklaring.

Maak je geen zorgen als je het gevoel hebt dat een korte visieverklaring de complicaties van je visie niet volledig weergeeft. Je kunt een langere interpretatie maken, maar het mag niet het bot zijn.

Je zendt uit naar de wereld.

Laten we eerlijk zijn - de meeste bedrijfsleiders, om nog maar te zwijgen van raden van bestuur, zullen niet geschikt zijn om hun visie op te tellen in een apothegmatisch oordeel of twee. Dat is OK, 'zei Shannon DeJong, eigenaar van merkbureau House of Who. "Zorg voor een volledige interpretatie van uw visie, alleen voor de ogen van de leiding. veronderstel de lange interpretatie als uw referentiepartner van waarom u in de eerste plaats zaken doet.

Er is een snel overzicht van wat wanneer te doen

het standaardiseren van uw visieverklaring

- Projecteer vijf tot tien keer in de toekomst.
- tover groots en concentreer je op succes.
- Gebruik de tegenwoordige tijd.
- Gebruik duidelijke, beknopte, straattaalvrije taal.
- inoculeer het met passie en maak het inspirerend.
- Stem het af op uw zakelijke waarden en pretenties.

- stel een plan op om uw visieverklaring aan uw werknemers te communiceren.
- Bereid u voor om tijd en geld te besteden aan de visie die u vaststelt.

Uw ingevulde visieverklaring moet een duidelijk beeld geven van de weg die uw bedrijf voorwaarts zal gaan. Howard zei dat veel van haar gasten hun visie hebben gebruikt om richting te geven aan hun algemene plannen voor de toekomst. Ter illustratie: ze hebben een nieuw marketingbedrijf omarmd om hen dichter bij hun visie te brengen, hun focus verlegd om hun gewenste uitgroei gemakkelijk weer te geven, of verdubbelden zich op een bepaald aspect van hun merk dat werkt om hun visie te dienen.

Bepaal waar uw visieverklaring zal verschijnen en welk deel het zal dienen in uw vereniging. Dit zal het proces verder maken dan een intellectuele oefening, zei Shockley. Het heeft geen zin om een visieverklaring in de lobby te hangen of te promoten via de sociale mediakanalen van uw bedrijf als u deze op geen enkele manier authentiek integreert in uw bedrijfscultuur.

"De visie zakelijke verklaring moet worden toegestaan

van als onderdeel van uw strategisch plan, 'zei Shockley. "Het is een tool voor interne verzendingen die helpt om uw peloton op één lijn te krijgen en te inspireren om de pretenties van het bedrijf waar te maken. "

Evenzo moet u een visieverklaring zien als een levend document dat opnieuw zal worden gedefinieerd en herzien. Het belangrijkste is dat het rechtstreeks tot uw werknemers moet spreken.

toch zul je op geen enkele manier geschikt zijn om het uit te voeren,' zei Keri Lindenmuth, 'als je werknemers het visioen niet accepteren. "De visieverklaring moet een basisproduct zijn waar uw werknemers in geloven. Alleen zij zullen ook meningen vormen en gedrag vertonen dat de visie van uw bedrijf weerspiegelt."

Naarmate uw bedrijf groeit en uitbreidt, kan het heroverwegen van uw visieverklaring u inzicht geven in de richting die uw bedrijf opgaat en of u op de goede weg bent om de door u gestelde doelen te bereiken.

U kunt uw visieverklaring ook gebruiken in uw marketing- en promotiemateriaal, ofwel door deze op uw bedrijfslocatie te laten zien, op de zakelijke webpagina/social media-accounts te plaatsen, of op te nemen als onderdeel van uw bedrijfsmerk.

We legden het echte doel van de visieverklaring in deze compositie uit, maar daarna een korte herinnering aan wat we proberen te bereiken met een bedrijfsvisieverklaring

Verbeter het besluitvormingsproces door een 'begrenzer' in te stellen die ons helpt om strategische ondernemingen en openingen uit te sluiten die niet in overeenstemming zijn met zakelijke langetermijnpretenties.

Leg een korte verklaring af over wat onze vereniging probeert te bereiken om derden, zoals investeerders of de media, te helpen ons beter te begrijpen.

een sterke North Star produceren die werknemers inderdaad kan begeleiden en motiveren in moeilijke tijden als het serieus wordt genomen.

Ontwikkel een boeiende visieverklaring die een van de cruciale beginselen is van een bloeiende bedrijfscultuur.

De onderste regel is dat een visieverklaring niet alleen leuk is om te hebben. Het moet worden opgenomen in elk businessplan en elke strategiediscussie, vooral tijdens het strategische planningsproces, om ervoor te zorgen dat de vereniging en haar afdelingen op één lijn blijven met hun visie en niet op een zijspoor raken.

Houd er rekening mee dat het creëren van een visie niet begint met achter een kantoor zitten en zwart op wit schrijven. Neem contact op met uw belanghebbenden en pelotonleden die een rol zullen spelen bij het realiseren van de visie van het bedrijf. Organiseer een fabriek, of verder indien nodig, om ideeën te communiceren en hun feedback te verzamelen.

Deze toolkit met een sjabloon en werkboek kan je helpen met brainstormoefeningen en het navigeren door het hele proces.

Het resultaat is dat het betrekken van andere belanghebbenden bij het visievormingsproces niet alleen ideeën oplevert, maar ook vanaf de ochtend steun krijgt, aangezien het ook hun visie zal zijn.

Dan zijn 8 tips om u te helpen bij het schrijven van een gedenkwaardige visieverklaring

Houd het kort - maximaal 2 uitspraken. Uw visieverklaring moet pittig zijn en gemakkelijk terug te flitsen.

Maak het specifiek voor uw bedrijf en beschrijf een unieke uitgroei die alleen u kunt geven.

Schrijf het in de tegenwoordige tijd.

Gebruik geen woorden die voor interpretatie vatbaar zijn. Zeggen dat u het aandeelhoudersrendement in 2022 maximaliseert, betekent niets, tenzij u specificeert wat dat betekent.

Eenvoudig is stijlvol. Mensen hebben de neiging om effecten te ingewikkeld te maken, maar je moet je visie duidelijk genoeg maken zodat zowel mensen binnen als buiten je organisatie het kunnen begrijpen. Blijf uit de buurt van jargon, verwaandheid en zakelijke buzzwords.

Het moet ambitieus genoeg zijn om mensen in beroering te brengen, maar niet zo ambitieus dat het onoplosbaar lijkt om het te bereiken.

Een visieverklaring is niet iets eenmaligs en moet met uw bedrijf mee evolueren. Houd u bij het brainstormen over uw visie voor de toekomst aan een tijdsbestek van vijf keer. Het is een ambitieus

einddoel dat ver genoeg vooruit is om naar toe te werken, maar niet te ver voor de vereniging om focus en toewijding te verliezen.

Visie moet aansluiten bij de kernwaarden van uw bedrijf. In deze samenstelling gaan we dieper in op de bedrijfswaarden, maar wanneer u uw bedrijfswaarden heeft gecreëerd, moet u uw visie herzien om te zien of deze overeenkomt.

2: Visie om te handelen:

Wanneer u begint met het schrijven van een visieverklaring, bedenk dan hoe u wilt dat mensen zich voelen en hoe de wereld een betere plek zal zijn als uw bedrijf zijn visie volgt. stel je eens voor over je producten en diensten, hoe perfectioneren ze het leven van mensen op dit moment en wat zal het effect daarvan zijn in de toekomst.

Het mag dus niet te vaag of esoterisch zijn. Het zou geen crack-box-oefening moeten zijn. Maar dat is ook de verkeerde reden, als je alleen maar een visietekst schrijft omdat je er nog geen hebt. Het moet worden geschreven omdat u personeel op dezelfde gemotiveerde en inspirerende hardloopwedstrijd wilt krijgen, betrokken bij goederen die groter zijn dan alle bestaande, zodat ze naar het werk komen om een verschil te maken, hun weekenden niet op te geven of hun hypotheek te betalen.

De visieverklaring moet een betere ongeboren wereld definiëren; een die uw bedrijf kan helpen realiseren.

toch, kijk ook hoeveel medewerkers er daadwerkelijk van op de hoogte zijn en het kunnen reciteren, als er voorheen een visieverklaring bestaat. Hoe korter en beknopter, hoe beter, aangezien het gemakkelijk moet worden begrepen, teruggeflitst en gehandhaafd.

Een visie schrijven hoeft geen uitdaging te zijn; het kan een nuttige oefening zijn om te bepalen waarom uw bedrijf handelt en wat de toekomst ervan is. Het is een geweldige oefening in het toelaten van andere goederen dan plutocraten en winsten. Het kan helpen om uw kernidealen en ratiometer samen te vatten. Het geeft uw bedrijf een specifieke richting en bestemming met een duidelijke focus en meer overeenstemming voor betere samenwerking en samenwerking.

Overweeg bij het schrijven van een visieverklaring wat uniek of anders is aan wat u doet, en maak het zo sterfelijk als u kunt, zodat het aansluit bij de behoefte van mensen aan een gevoel van doelgerichtheid. Het moet mensen inspireren om op een ijzige ochtend, met 10 sneeuwlagen buiten, op te staan en aan het werk te gaan.

Het gieten van een visieverklaring combineert ideeën, creativiteit en diepgaande studie. Het is stijlvol om terug te gaan naar de reden waarom de auteur(s) het bedrijf in de eerste plaats hebben opgericht. De oorspronkelijke visie is misschien veranderd, maar het is toch een goede plek om te beginnen. Welke originele gelegenheid hebben ze geïdentificeerd? Het kan zijn dat de regisseurs niet de beste woordkunstenaars zijn, dus het gebruik van een creatieve copywriter kan helpen om de woorden op een kortere en boeiendere manier uit te pluizen.

Een visieverklaring kan worden geproduceerd als communicatie op videoband om betrokken te raken en te communiceren op een manier die beter werkt dan deze in te kaderen en op een kantoormuur of in een map te hangen.

Toch is het ook de moeite waard om te overwegen waarom dat zo is en het te veranderen - of het bedrijf waarvoor je werkt, als de visie niet motiverend is voor jou of iemand anders. Het definieert waarom het bedrijf bestaat, dus het moet ambitieus zijn om iedereen te motiveren en te inspireren.

Het moet een goed intern beeld geven van wat uw bedrijf in de toekomst voor uw gasten gaat doen. evenzo kan het helpen bij het definiëren van de waarden van het bedrijf.

De visieverklaring moet verder gaan dan alleen woorden en een zakelijke planningsoefening, het moet worden omgezet in actie, gedrag en stations. De visieverklaring is geen handelsartikel dat moet worden gedaan, afgestoft en vergeten als onderdeel van een strategiesessie. Er moet een product komen dat de gedachten van mensen verandert, hen ertoe aanzet om het te herzien en er congruent mee te handelen. In dat opzicht zal het de bedrijfscultuur versterken. Dus het schrijven van de visieverklaring is slechts 20 van het werk, de rest is de kers op de taart dat het echt is gemaakt en gerealiseerd.

Een visieverklaring moet romantisch zijn, als het de mensheid op de een of andere manier niet vooruit helpt, is het vermoedelijk niet de moeite waard om na te streven en uiteindelijk zal de energie uit het bedrijf verdwijnen en zal het grip verliezen.

Een goede visieverklaring kan tot uitvindingen en nieuwe ideeën leiden, aangezien het personeel creatief wordt in het bedenken van manieren om de visie sneller te realiseren. Maar uw medewerkers zullen er des te sneller willen zijn, als het een duidelijke en inspirerende bestemming is.

Het zou moeten helpen om sterkere brigades te maken, aangezien iedereen een gemeenschappelijk doel heeft.

Het moet deel uitmaken van de bedrijfscultuur en niet zomaar in een fotolijstje aan de muur hangen. Zoals we al zeiden, kan het worden gebruikt als een hulpmiddel voor het verzenden van personeel en directeuren om strategische planningsadviezen te helpen sturen.

Uw medewerkers moeten zich vinden in de visieverklaring en het gevoel hebben dat deze deel uitmaakt van hun eigen pretenties en daden.

Het is de remedie tegen de grimmige focus die veel bedrijven hebben op het behalen van winst op korte termijn. Bedrijven moeten zich afvragen: helpt deze kortetermijnstrategie ons om de langetermijnvisie van de visieverklaring te realiseren of ondermijnt deze?

Een visieverklaring is een van de vele zakelijke documenten die helpen bij het definiëren van het doel van het bedrijf en daarom moet het in overeenstemming zijn met andere zakelijke documenten, zoals de aanklacht, strategie en kernwaarden. Het is een belangrijk document en dat geldt ook voor het schrijfproces, omdat het helpt om de cultuur van het bedrijf te definiëren. Het hoeft niet in een grafsteen te worden geplaatst, maar het mag alleen worden veranderd als dat nodig is, aangezien het een product vertegenwoordigt waar iedereen in het bedrijf in koopt en in gelooft.

Een visieverklaring moet het volgende bevatten

Wees bondig, inspirerend en flitst vloeiend terug.

Wees handelswaar waar iedereen zich mee kan identificeren en die elke dag de besluitvorming zal helpen begeleiden

Wees een belangrijke reden waarom mensen in de eerste plaats bij uw bedrijf willen komen.

Wees specifiek voor uw bedrijf, uw pretenties en bourns, uniek product dat uw merk definieert

Inspireer werknemers en trek nieuwe gasten aan om uw bedrijf eens van dichtbij te willen bekijken, hoewel marketing niet het primaire doel is.

Het mag niet te afgelegen en onaantastbaar aanvoelen, anders zal het niet motiverend of te gemakkelijk onderhandelen zijn, omdat het niemand zal inspireren.

Het moet passen bij uw bedrijfswaarden

Het moet handelswaar interessant, nieuw en boeiend zijn, waardoor mensen denken, ah ja, dat idee vind ik leuk, daar kan ik me mee verbinden

betrekking hebben op uw verzoek, zodat het aansluit bij hen; kinderen, mannen, vrouwen, bedrijven, geleerden, nogmaals, hoewel het primaire doel niet verkopen is

Toch kan functionele en overlevingsmodus, gewoon de komende drie maanden of tijd doorkomen, de enige prioriteit zijn, als uw bedrijf echt reactief is en constant in brandbestrijding. niets zal geïnteresseerd zijn in de visieverklaring.

toch, als de communicatie slecht is, is het vertrouwen laag, als de cultuur niet bevorderlijk is voor groei op de lange termijn. Ze zullen meer geïnteresseerd zijn in hun aanstaande hypotheekbetaling of baangelegenheid.

misschien wordt uw bedrijf niet gedreven door een strategie op het grote plaatje, en sommigen zullen misschien zeggen dat dat oké is zoals in deze Forbes-compositie, maar dat is niet oké. Het werkt misschien op korte termijn, maar niet op lange termijn.

Bent u ooit betrokken geweest bij een vereniging of bedrijf waarvan onderhandelen op geen enkele manier echt belangrijk lijkt? Hoe hard je ook werkt, je gaat gewoon in cirkels. Het probleem kan zijn dat je nog niet hebt besloten waar je heen wilt en geen stappenplan hebt gemaakt om daar te komen. Vanuit het perspectief van een vereniging kan het probleem zijn dat je niet vasthoudt aan wat je wilt bereiken en hoe je dat gaat bereiken. Hieronder vindt u een reeks manieren of uitspraken om uw vereniging richting te geven.

De eerste is een visieverklaring. Het biedt een bestemming voor de vereniging. Hierna volgt een lastenboek. Dit is een leidraad voor het bereiken van de bestemming. Dit zijn kritische uitspraken voor de vereniging en de personen die de vereniging leiden.

Visie – Groot beeld van wat u wilt bereiken.

lading - Algemene verklaring van hoe u de visie zult bereiken.

Een begeleidende verklaring die vaak met de visie en opdracht wordt gemaakt, is een verklaring van kernwaarden.

Kernwaarden - Hoe u het proces zult verdragen.

Als u eenmaal hebt gekoppeld wat uw vereniging wil bereiken (visie) en in het algemeen hoe de visie zal worden bereikt (opdracht), is de volgende stap het ontwikkelen van een reeks uitspraken die specificeren hoe de opdracht zal worden gebruikt om de visie te bereiken.

Strategieën – Strategieën zijn een of meer manieren om de opdrachtverklaring te gebruiken om de visieverklaring te bereiken. Hoewel een vereniging slechts één visieverklaring en één opdrachtverklaring heeft, kan ze meerdere strategieën hebben.

pretenties – Dit zijn algemene uitspraken over wat er moet worden vervuld om een strategie toe te passen.

objecten - objecten geven specifieke mijlpalen met een specifieke tijdlijn om iets te bereiken.

Actieplannen - Dit zijn specifieke uitvoeringsplannen van hoe u een ideaal zult bereiken.

Hieronder volgt een verdere diepgaande bespreking van deze verklaringen. Verklaringen voor een illustratiebedrijf worden ter toelichting overhandigd.

Visieverklaring – Een intern beeld van wat u wilt onderhandelen of bereiken. Ter illustratie: uw visie kan een succesvol wijnmakerijbedrijf of een economisch actieve gemeenschap zijn.

Visie van een voorbeeldbedrijf – Een succesvol familiezuivelbedrijf.

Missieverklaring - Een algemene verklaring van hoe de visie zal worden bereikt. De aanklacht is een actieverklaring die over het algemeen begint met het woord "naar".

last van een voorbeeldbedrijf - Om unieke en hoogwaardige zuivelproducten aan originele consumenten te geven.

Kernwaarden - Kernwaarden definiëren de vereniging in termen van de principes en waarden die de leiders zullen volgen bij het uitvoeren van de conditionering van de vereniging.

Kernwaarden van het voorbeeldbedrijf

Focus op nieuwe en innovatieve zakelijke ideeën

Oefen hoge ethische normen.

Respecteer en bedek het terrein.

Voldoe aan de veranderende eisen en wensen van gasten en consumenten.

Visieverklaringen en opdrachtverklaringen zijn belangrijk, zodat iedereen die betrokken is bij de vereniging, inclusief externe belanghebbenden, begrijpt waarover de vereniging zal onderhandelen en hoe dit zal worden gerealiseerd. In wezen betekent dit "iedereen op dezelfde loper houden", zodat ze allemaal "in dezelfde richting trekken".

Er is een nauwe relatie tussen visie en lading. Aangezien de visieverklaring een statisch intern beeld is van wat u wilt bereiken, is de opdrachtverklaring een dynamisch proces van hoe de visie zal worden vervuld. Om succesvolle uitspraken te doen, moet u de volgende algemeenheden in gedachten houden.

Eenvoudig – De visie en lading leiden de dagelijkse conditionering van elke persoon die bij het bedrijf betrokken is. Verklaringen van visie en lading moeten eenvoudig, bondig en gemakkelijk terug te flitsen zijn. Gebruik net genoeg woorden om de inhoud vast te leggen. De verklaringen moeten de werkelijke inhoud weergeven van wat uw vereniging of bedrijf zal bereiken en hoe dit zal worden bereikt. Uitspraken over visie en lading zouden dus een enkele studie moeten zijn die vloeiend in de geest kan worden uitgevoerd. Dit maakt het voor iedereen in de vereniging gemakkelijk om zich daarop te concentreren. Om de effectiviteit van uw uitspraken te testen, vraagt u de leiders, directeuren en werknemers om u de visie en leiding van hun organisatie te vertellen. De verklaringen hebben echter weinig nut, als ze u momenteel niet zowel de visie als de lading kunnen vertellen.

Maar dat betekent niet dat het gemakkelijk zal zijn om de verklaringen te produceren. Het kan meerdere ontwerpen dragen. uiterste verklaringen zijn te lang. Mensen hebben de neiging om nieuwe informatie en kwalificaties aan de verklaringen toe te voegen. over het algemeen verwart de nieuwe informatie de bloemlezing en vertroebelt het de inhoud van de verklaring. Elke opeenvolgende versie van de visie en opdracht moet worden vereenvoudigd en verduidelijkt door zoveel mogelijk woorden te gebruiken.

Vloeiend proces - De verklaringen zijn niet "in grafsteen gegoten". Ze kunnen worden gestroomlijnd en aangepast als de vereniging haar focus verandert. Het is vaak goed om de verklaringen op te schrijven, ze een tijdje te gebruiken en ze, indien nodig, meerdere maanden of een tijd later opnieuw in te dienen. Het kan op dat moment gemakkelijker zijn om de focus van de verklaring te omzeilen. Flits terug, de reden dat je de verklaringen schrijft, is om te verduidelijken wat je doet.

Unieke en complexe associaties – Het is over het algemeen belangrijker om verklaringen te schrijven voor on-traditionele associaties waarbij het doel van de associatie uniek is. Hetzelfde geldt voor complexe associaties waar het delicaat kan zijn om tot de essentie van de actualiteit van de associatie te komen.

Strategieën, pretenties, doelen en actieplannen

Als u eenmaal visie- en opdrachtverklaringen en mogelijk kernwaarden hebt opgesteld, kunt u ook de strategieën, pretenties, doelen en actieplannen ontwikkelen die nodig zijn om uw opdracht aan te wakkeren en uw visie te verwezenlijken.

Strategieën - Een strategie is een verklaring van hoe u goederen gaat bereiken. Meer specifiek is een strategie een unieke benadering van hoe u uw lading gebruikt om uw visie te bereiken. Strategieën zijn van cruciaal belang voor het succes van een vereniging, omdat u hier begint met het schetsen van een plan voor het doen van grondstoffen. Hoe unieker de associatie, hoe creatiever en innovatiever u moet zijn bij het uitbrengen van uw strategieën.

pretenties - Een ding is een algemene verklaring van wat u wilt bereiken. Meer specifiek, een ding is een hoek(en) in het proces van het afdwingen van een strategie. voorbeelden van zakelijke pretenties zijn

Verhoog de winst periferie

Verhoog de effectiviteit

Leg een groter verzoekaandeel vast

betere klantenservice geven

Handtraining verbeteren

Verminder koolstofemigraties

Zorg ervoor dat de pretenties geconcentreerd zijn op de belangrijke aspecten van het handhaven van de strategie. Pas op dat u niet te veel pretenties stelt, anders dreigt u de focus te verliezen. Ontwerp je pretenties ook zo dat ze elkaar niet tegenspreken en binnendringen. Een ding moet aan de volgende criteria voldoen

Toegankelijk Is het eenvoudig en gemakkelijk te begrijpen vermeld?

Geschikt Helpt het bij het afdwingen van een strategie van hoe de lading de visie zal bereiken?

respectabel Past het bij de waarden van de vereniging en haar medewerkers?

Flexibel Kan het naar behoefte worden aangepast en veranderd?

objecten - Een doelstelling verandert de algemene verklaring van een ding over wat er moet worden vervuld in een specifieke, kwantificeerbare, tijdgevoelige verklaring van wat er zal worden bereikt en wanneer het zal worden bereikt. voorbeelden van bedrijfsobjecten zijn

Verdien in de komende financiële tijd ten minste 20 procent rendement op onze investering na belasting

Vergroot het verzoekaandeel de komende drie keer met 10 procent.

Verlaag de bedrijfskosten de komende twee keer met 15 procent door verbetering van de effectiviteit van het productieproces.

Verkort de terugbeltijd van vragen en vragen van klanten tot maximaal vier uur.

objecten moeten aan de volgende criteria voldoen

Meetbaar Wat wordt concreet bereikt en wanneer wordt het bereikt?

Passend Past het als maatstaf om het ding te bereiken?

uitvoerbaar Is het haalbaar?

Commitment Zijn mensen toegewijd aan het bereiken van het ideaal?

Macht Zijn de mensen die verantwoordelijk zijn voor het bereiken van het ideaal opgenomen in het proces van het stellen van doelen?

Actieplannen - Actieplannen zijn uitspraken over specifiek gedrag of conditionering die zullen worden gebruikt om iets te bereiken binnen de beperkingen van het ideaal. voorbeelden van actieplannen binnen de omgeving van pretenties en objecten zijn

ding, ideaal, actieplan tabel 1

Actieplannen kunnen eenvoudige uitspraken zijn of volledige en gedetailleerde bedrijfsplannen waarin ook pretenties en doelen zijn opgenomen. Actieplannen kunnen ook worden gebruikt om een volledige strategie toe te passen (strategische planning genoemd).

Alles samenvoegen

Om u te helpen de relatie tussen elk van deze uitspraken te begrijpen, worden voorbeelden van strategieën, pretenties, doelstellingen en actieplannen getoond voor een zakenvereniging die is ontworpen om de pastorale soberheid te verbeteren door pastorale bedrijven te ontwikkelen. Flits terug, de visie is wat u wilt onderhandelen. Missie is een algemene verklaring van hoe u uw visie zult bereiken. Strategieën zijn een reeks manieren om de lading te gebruiken om de visie te bereiken. pretenties zijn verklaringen van wat er moet worden vervuld om de strategie toe te passen. objecten zijn specifiek gedrag en tijdlijnen om het ding te bereiken. Actieplannen zijn specifiek gedrag dat moet worden genomen om de mijlpalen binnen de tijdlijn van de objecten te bereiken.

voorbeelden

Conclusies

Het maken van de hierboven beschreven uitspraken kan aanvoelen als veel druk werk. Maar deze verklaringen zullen u helpen zich te concentreren op de belangrijke aspecten van uw vereniging of bedrijf. Ze kunnen echter plutocraten en tijd besparen en de kans vergroten dat uw verenigings- of zakenavontuur succesvol zal zijn, als ze naar behoren worden gedaan.

Beschouw deze verklaringen als levende documenten die kunnen veranderen naarmate de vereisten van de vereniging of het bedrijf veranderen. Te vaak worden deze uitspraken behandeld als "iconische botten" om op een veilige plaats te worden opgeborgen. Maar als je ze niet gebruikt, heb je je tijd verspild.

Het creëren van een visie is lang niet zo ingewikkeld als het lijkt. Het komt allemaal neer op het veranderen van je manier van denken en duidelijk krijgen waar je uiteindelijk naar op zoek bent in je leven en bedrijf. Dan Sullivan vat het samen in één simpel oordeel: "Maak je toekomst altijd groter dan je geschiedenis."

Vergeet mooie marketingtrucs en nieuwe technologieën; deze eenvoudige manier van denken is de stijlvolle strategie voor bedrijfsgroei. Het is vooral belangrijk om feest te vieren en je te concentreren op het 'groter dan je geschiedenis'-lid. Om jezelf richting te geven aan wat je in de toekomst wilt doen, moet je de belangrijkste geletterdheid en groeigestichten uit je geschiedenis gebruiken.

Vraag jezelf af: "Wat is mijn grootste leergebied geweest in de afgelopen 90 dagen?"

Denk aan die specifieke geletterdheid en houd het in gedachten tijdens het creëren van uw visie en de groei van uw bedrijf. Terugkijken op je grootste geletterdheidsmomenten zal altijd helpen om richting te geven aan de stijlvolle manier om vooruit te komen en je bedrijf te laten groeien.

Het stijlvolle strategieplan voor bedrijfsgroei is het bot

waardoor je vooruit blijft komen. U zult echter steeds meer inspiratie krijgen en uw bedrijf laten groeien, als u zich maar kunt concentreren op het groter maken van uw toekomst dan uw geschiedenis.

Maar hoe kostbaar deze mentaliteit ook is, het is relatief niet genoeg. Laten we het hebben over hoe u uw visie wat strategischer kunt maken en waarom dat zo belangrijk is voor de groei van uw bedrijf.

Als ondernemer heb je een unieke gelegenheid om jezelf stukje bij beetje neer te zetten. Je kunt een kostbare service geven die geen bot is

anders kan aanbieden of een product dat boven alles uitblinkt anders op de aanvraag.

Je kunt mensen op veel verschillende manieren helpen, maar als je jezelf echt stukje bij beetje wilt onderscheiden van de rest, moet je strategisch worden over je visie. U kunt echter een volledig bedrijfsgroeiplan op papier schrijven, als u hier strategisch en specifiek over kunt worden. De sleutel is om je te concentreren op groei op lange, middellange en korte termijn.

lanceren door toe te staan hoe je zou willen dat je leven er in 25 keer uitziet. Dit kan veel verder gaan dan bedrijfsgroei. Welke effecten maken je het gelukkigst in het leven? Wat is het belangrijkste voor jou? Wat wil je uiteindelijk uit je bedrijf en leven halen? Schrijf deze effecten op.

Vraag jezelf vervolgens af: "Wat moet er de komende tien keer gebeuren om daar te komen? " Het is dan niet nodig om een specifieke lijst met actiedetails te produceren. Dit kan nog vrij algemeen en breed zijn.

Als je dat eenmaal hebt opgeschreven, stel je dan eens voor wat er de komende vijf keer moet gebeuren om daar te komen. effecten zouden dan verder voelbaar moeten worden. Dit zijn de actiedetails die u zullen helpen bij het opstellen van uw feitelijke bedrijfsgroeistrategie.

En we gaan verder op korte termijn. Stel je nu eens voor wat er de komende tijd moet gebeuren om daar te komen. Het is dan belangrijk om te veronderstellen dat er sprake is van instigatie. Deze effecten hoeven de komende tijd niet te gebeuren; ze moeten gewoon in beweging zijn. Wat moet er de komende tijd worden gestart om u op het goede spoor te krijgen met uw bedrijfsgroeistrategie?

Uiteindelijk is het tijd om op extreem korte termijn te veronderstellen. Wat moet er de komende drie maanden gebeuren om uw zelfvertrouwen, focus en duidelijkheid te behouden? Wat moet er zijn zodat je vooruit kunt blijven gaan en jezelf kunt laten werken aan de belangrijke effecten die je eerder hebt geschetst?

En ook, om nog een stap verder te gaan, wat moet er de komende week gebeuren om daar te komen? Deze zullen niet onvermijdelijk rechtstreeks verband houden met uw bedrijfsgroeistrategie, en ze zullen duidelijk niet rechtstreeks verband houden met uw 25-voudige pretenties. We raden aan om vast te houden aan de vijf meest cruciale resultaten voor de komende week.

Als je dit allemaal hebt opgeschreven, raad eens! U heeft zojuist uw bedrijfsgroeiplan gemaakt.

Maar dit is geen eenmalig iets. Echte bedrijfsgroei vereist een constante terugblik. De pretenties en manier voor groei die u hebt geschetst, zullen in de loop van de tijd veranderen naarmate uw bedrijf groeit en verandert.

Napoleon Hill zei: "Elk idee, plan of doel kan in de geest worden geplaatst door herhaling van studie. "

Het is belangrijk om steeds terug te komen op dit document terwijl u uw bedrijf laat groeien (en naarmate u groeit als ondernemer). Niet alleen zullen de effecten veranderen, maar hoe meer u dit document doorneemt, hoe vaster het in uw gedachten zal komen.

We begrijpen dat het creëren van uw visie delicaat kan zijn om alleen te doen, daarom is dit een van de eerste

effecten waarop we ons concentreren wanneer ondernemers lid worden van onze gemeenschap.

Veel ondernemers hebben niet het gevoel dat ze tijd hebben om hun visie te creëren. Als u zo gefocust bent op het laten groeien van uw bedrijf en het op het goede spoor houden van uw peloton, kan het idee om een stap terug te doen om na te denken over wat u wilt, belachelijk aanvoelen.

Maar het is belangrijk om terug te flitsen waarom je in de eerste plaats ondernemer bent geworden. Ja, u moet uw bedrijf laten groeien, maar u moet zich ook concentreren op het laten groeien tot het bedrijf dat u vraagt. In tegenstelling tot de meeste mensen heb je de vrijheid om je ideale leven te leiden. Je groei als ondernemer moet heerlijk zijn! Je moet plezier hebben in het laten groeien van je bedrijf.

Dat elk begint met een visie

Toen ik mijn TEDx-donatie over Transformatie deed, schetste ik drie belangrijke factoren voor het ontwikkelen van een succesvol bedrijf of avontuur. Aangezien mijn bedrijfsnaam Keep Allowing Big is, vormen deze drie factoren op toegankelijke wijze BIG.

B. Overtuigingen

Wat je gelooft over jezelf, je peloton en je product of dienst. Dit is jouw visie en droom.

Ik - Intentie

Er moet een tijd komen dat onze overtuigingen ons leven beïnvloeden en we voor het eerst nieuwe gebieden betreden. Dit is waar strategie om de hoek komt kijken. Dit is wanneer we van uitblinken overgaan in actie.

G - Groei

Wanneer we de juiste overtuigingen, visie en droom hebben, gecombineerd met een doelgerichte strategie om het uit te werken, gaan we naar groei. We zien en zijn getuige van groei op een manier die we niet hadden voorzien.

Wanneer we GROOT beginnen te spelen, hebben we geavanceerde hulpmiddelen en vooruitzichten van wat mogelijk is. We blijven niet alleen in het 'toverkamp' maar we leven het uit en groeien naar alles wat we kunnen.

3: Financieringsplan voordat u een bedrijf start

Er is steun nodig om een bedrijf te starten en winstgevend te maken. Er zijn verschillende bronnen waarmee u rekening moet houden bij het zoeken naar ondersteuning bij het opstarten. Maar eerst moet je bedenken hoe belangrijk plutocraten je nodig hebt en wanneer je het nodig hebt.

De fiscale vereisten van een bedrijf zullen variëren afhankelijk van het type en de grootte van het bedrijf. Ter illustratie: verwerkingsbedrijven zijn over het algemeen kapitaalbelust en nemen grote hoeveelheden kapitaal op. Retailbedrijven dragen over het algemeen een lager kapitaal.

Schuld en eigen vermogen zijn de twee belangrijkste bronnen van steun. Overheidssubsidies om bepaalde aspecten van een bedrijf te financieren, kunnen een optie zijn. Er kunnen ook impulsen beschikbaar zijn om in bepaalde gemeenschappen te detecteren of conditionering aan te moedigen, in het bijzonder ijver

Eigen vermogen financiering:

Equity Backing betekent het inruilen van een deel van de macht van het bedrijf voor een fiscale investering in het bedrijf. De machtsinzet die voortkomt uit een investering in aandelen stelt de belegger in staat deel te nemen aan de winst van het bedrijf. Eigen vermogen houdt een eindeloze investering in een bedrijf in en wordt niet achteraf door het bedrijf terugbetaald.

De investering moet naar behoren worden gedefinieerd in een formeel gecreëerde zakelijke realiteit. Een aandelenbelang in een bedrijf kan de vorm hebben van klasse-eenheden, zoals in het geval van een vennootschap met beperkte aansprakelijkheid, of in de vorm van gewone of begunstigde aandelen, zoals in een pot.

Bedrijven kunnen verschillende soorten aandelen oprichten om de stemrechten van aandeelhouders te controleren. ook kunnen bedrijven verschillende soorten favoriete aandelen gebruiken. Ter illustratie: gewone aandeelhouders kunnen stuiteren, terwijl preferente aandeelhouders dat over het algemeen niet kunnen. Maar gewone aandeelhouders zijn de laatsten in de rij voor de middelen van het bedrijf in geval van verwaarlozing of ondergang. Voorkeursaandeelhouders geven een voorbestemde fooi toe voordat gewone aandeelhouders een fooi geven.

Durfkapitaal:

Avontuurlijk kapitaal verwijst naar steun die afkomstig is van bedrijven of individuen die investeren in jonge, intieme bedrijven. Ze geven kapitaal aan jonge bedrijven in ruil voor een machtsaandeel in het bedrijf. Avontuurlijke kapitaalondernemingen willen over het algemeen niet delen in de oorspronkelijke steun van een bedrijf, tenzij het bedrijf een bedrijf heeft met een bewezen staat van dienst. Over het algemeen geven ze er de voorkeur aan om te investeren in bedrijven die aanzienlijke aandeleninvesteringen van de auteurs hebben gedaan en voorheen winstgevend waren.

Avontuurlijke kapitaalinvesteerders geven ook de voorkeur aan bedrijven met een concurrentievoordeel of een sterke waardepropositie in de vorm van een patent, een bewezen vraag naar het product of een echt bijzonder (en beschermbaar) idee. Ze benaderen hun investeringen vaak hands-on, vertegenwoordigen in de raad van bestuur en nemen af en toe bestuurders in dienst. Investeerders in avontuurlijk kapitaal kunnen waardevolle begeleiding en zakelijk advies geven. toch zijn ze op zoek naar een substantieel rendement op hun investeringen en hun objecten kunnen tegenstrijdig zijn met die van de auteurs. Ze zijn vaak gericht op winst op korte termijn.

Ondernemingen met avontuurlijk kapitaal zijn over het algemeen geconcentreerd op het creëren van een investeringsportefeuille van bedrijven met een hoge groei en die een hoog rendement opleveren. Deze bedrijven zijn vaak risicovolle investeringen. Ze zoeken mogelijk naar periodieke rendementen van 25-30 op hun totale beleggingsportefeuille.

Omdat dit over het algemeen bedrijfsinvesteringen met een hoog risico zijn, willen ze investeringen met een verwacht rendement van 50 of meer. Ervan uitgaande dat sommige bedrijfsinvesteringen 50 of meer zullen opleveren, terwijl andere zullen mislukken, wordt gehoopt dat de totale portefeuille 25-30 zal opleveren.

Meer specifiek onderschrijven tal van avontuurlijke plutocraten de 2-6-2 vuistregel. Dit betekent dat over het algemeen twee investeringen een hoog rendement zullen opleveren, zes een matig rendement (of alleen hun oorspronkelijke investering terug) en twee zullen mislukken.

Aandelenaanbod:

In deze situatie verkoopt het bedrijf aandelen rechtstreeks aan het publiek. Afhankelijk van de omstandigheden kunnen aandelenimmolaties aanzienlijke hoeveelheden geld opleveren. De structuur van de verbranding kan vele vormen aannemen en vereist zorgvuldig toezicht door de wettelijke vertegenwoordiger van het bedrijf.

Commerciële financieringsmaatschappijen:

Verhandelbare financieringsmaatschappijen kunnen worden overwogen wanneer het bedrijf niet in staat is om steun te krijgen van andere verhandelbare bronnen. Deze bedrijven zijn misschien meer bereid om te rekenen op de kwaliteit van het onderpand om de lening terug te betalen dan op het trackrecord of de winstuitsteeksels van uw bedrijf. Een verhandelbare financieringsmaatschappij is echter misschien niet de stijlvolle plek om steun te krijgen, als het bedrijf niet over substantiële specifieke middelen of zekerheden beschikt. Ook zijn de kosten van financieringsmaatschappij plutocrat over het algemeen hoger dan die van andere verhandelbare kredietverstrekkers.

4: Maak een passie:

Er zijn zoveel mensen die het 9-tot-5-banenmodel willen schrappen om ondernemer te worden. En waarom niet? Ondernemen is op dit moment sexy. Je kunt plutocraten verdienen door je eigen meester te zijn en er veel van verdienen terwijl je dat doet. Het lijkt de ideale situatie voor iedereen die controle wil hebben over zijn eigen werk en tegelijkertijd zo veel mogelijk plutocraten wil verdienen. Was het maar zo simpel.

Voordat je diep in je fantasie grijpt om te geloven dat je miljoenen botten zult verdienen

uw eerste keer in het bedrijfsleven, moet u realistisch zijn over wat het betekent om een bedrijfseigenaar te zijn. Rekening houdend met het feit dat 67 van de kleine bedrijven binnen de eerste keer mislukken, moet u als ondernemer echt serieus zijn als u hoopt te slagen. Dit is te wijten aan het feit dat zo veel aspirant-ondernemers alleen veronderstellen over de prijzen van een succesvol bedrijf, zonder het proces toe te geven dat nodig is om die resultaten te produceren. Het doet er niet toe hoe erg u hoopt op succes als u niet het gedrag kunt vertonen dat u helpt een succesvol bedrijf te ontwikkelen.

Deze ontbrekende stap is de reden waarom zoveel kleine bedrijven in hun eerste bedrijf falen. U moet geen bedrijf starten alleen maar omdat u ziet dat iemand op een andere manier succes heeft gehad met het runnen van datzelfde bedrijf. Hun resultaten garanderen u niet dezelfde resultaten. Dit is waarom je alleen een bedrijf moet voortbrengen waar je een passie voor hebt.

Passie is wat u drijft om te slagen, omdat u volledig toegewijd bent om uw bedrijf te laten werken, hoe moeilijk het proces ook is. Veel aspirant-ondernemers hebben geen passie voor hun bedrijf. Ze hebben inderdaad niet de passie om plutocraten te maken. Ze houden gewoon van het idee van succes. Zonder een of andere passie die je drijft, zul je het als ondernemer niet overleven, omdat de sleur van het opzetten van een bedrijf emotioneel, mentaal en fysiek een risico voor je vormt. Dit kan echt moeilijk te overwinnen zijn zonder een doel of passie die je vooruit drijft.

Voordat u een bedrijf begint, moet u zich afvragen of u de passie behoudt die nodig is om te slagen. het behouden van een bedrijf is niet hetzelfde als een helpende hand zijn en uw taken van tevoren voor u opgedragen krijgen. U moet uw eigen pretenties produceren die worden ondersteund door de strategie en onderneming die u ontwerpt. ook moet u deze strategie uitvoeren om het te laten werken. Zoals je kunt zien, werk je niet slechts 8 uur per dag. Het voelt alsof u bijna 24 uur per dag werkt om uw bedrijf succesvol te maken. Vraag jezelf nu af of je dit soort werkerfgoed 7 dagen per week kunt onderhouden totdat je uiteindelijk een succesvol bedrijf voortbrengt. ook houdt het werk daar niet op, want je zult deze problemen moeten doorstaan om een succesvol bedrijf te behouden. Daar'

toch moet je een passie hebben voor het ondernemersproces, als het jouw ding is om een succesvol bedrijf op te richten.

Hier zijn 5 manieren waarop passie zich vertaalt naar een succesvol bedrijf:

1: Beleggers zullen u aantrekkelijker vinden

Het telt niet mee hoe geweldig uw bedrijfsidee is als u er niet in gelooft. Beleggers horen elke dag ideeën van mensen die denken dat ze de toekomstige Facebook of Snapchat hebben gemaakt. Deze investeerders beoordelen altijd of je gewoon hoopt geluk te hebben door een idee te volgen dat hectisch succesvol was voor iemand anders, of dat je ongeveinsd een idee nastreeft waar je echt gepassioneerd over bent. Als je het succes van anderen najaagt, geef je snel op als de gewenste resultaten niet vloeiend worden behaald. Dit maakt investeerders voorzichtig omdat ze hun plutocraten niet in handen willen geven van degenen die opgeven als ze een beetje tegenstand ondervinden. Dit is de reden waarom beleggers net zo veel op zoek zijn naar passie als naar een goed toegestaan

- ons product dat wordt ondersteund door een sterk bedrijfsmodel.

2: Je passie overwint je faalangst:

Ja, falen is echt reëel en moet worden toegegeven. Wat je moet onthouden, is dat je onderweg met struikelblokken en uitdagingen te maken krijgt, hoe voorzichtig je ook bent. Waar het om gaat, is hoe goed u deze problemen omzeilt om te slagen.

U zult echter ook op geen enkele manier het succes behalen dat u zoekt, als de kleine effecten u ertoe brengen om uw beslissing om ondernemer te worden af te wisselen. Je zult de faalangst moeten uitschakelen en je alleen moeten concentreren op het behalen van succesvolle resultaten om je studie positief te houden.

3: Je zult de motivatie hebben om door te zetten:

Het creëren van een bedrijf is een ontmoedigend bod. Er zijn geen wegen naar succes, wat betekent dat je lange dagen en nachten moet doorstaan totdat je zweten uiteindelijk zijn vruchten afwerpt. Er zijn maar heel veel mensen die zo'n getrouwde positie van focus kunnen behouden, vooral als er geen onmiddellijke verrukking plaatsvindt. Dit betekent dat u letterlijk tijden zonder betaling kunt gaan, omdat de plutocrat die uw bedrijf genereert, opnieuw wordt geïnvesteerd in het incuberen van de groei ervan.

Soortgelijk langetermijndenken is typerend voor gepassioneerde en succesvolle ondernemers. Ze trotseren de stormen van het ondernemersleven, ze blijven langer, werken harder en maken die nieuwe reis om een impliciete investeerder of klant te ontmoeten. Ze blijven bestaan. Ware passie komt tot uiting in hoe goed het uitdagingen aangaat en hoe goed het zich heeft voorbereid op soortgelijke uitdagingen.

4: Klanten zullen uw integriteit waarderen:

Gasten zullen merken wanneer u uw product probeert te verkopen uit wanhoop of gewoon voor de plutocrat, in plaats van passie voor een geweldig resultaat voor hun problemen. Wanneer u hopeloos bent om te handelen, betekent dit dat u geen actief klantenbestand heeft, waardoor prospects zich zullen afvragen waarom dat het geval is. Hun studies zullen ofwel zijn dat uw product het niet waard is om gekocht te worden of dat uw klantenservice gasten wegjaagt. Hoe dan ook, dit zijn negatieve begrippen die het voor u moeilijk zullen maken om te handelen.

De stijlvolle manier om gasten te werven is door echt te geloven in en passie te hebben voor het leveren van unieke resultaten voor uw gastproblemen. Wanneer u probeert te begrijpen wat hun problemen zijn en resultaten produceert die zijn aangepast aan het oplossen van hun problemen, zult u merken dat mensen overwegend positief zijn over uw klant zijn.

5: U zorgt voor succes op de lange termijn:

Wanneer u een passie voor uw bedrijf behoudt, is het succes ervan uw belangrijkste focus. Dit betekent dat je levenloos werkt om een product te produceren waar je doelgroep om vraagt. Je zult werken om de stijlvolle klantenservice te bieden die ervoor zorgt dat je levende gasten vroom blijven voor je bedrijf. Uw volledige focus ligt op het produceren van succes op de lange termijn voor uw bedrijf, in plaats van kortetermijnresultaten te behalen die nooit meer kunnen worden overwonnen.

stel je eens voor over het bedrijfsidee dat je in gedachten hebt. Ben je bereid om soms dag en nacht te werken totdat je bedrijf uiteindelijk lijkt op de visie in je hoofd? Je passie zou je ertoe moeten aanzetten om te overtreffen, hoe delicaat de reis naar succes ook mag zijn. Het kan voelen alsof het het niet waard is terwijl je tot je knieën zit in het proces om daar te komen, maar de netten zullen uiteindelijk de problemen rechtvaardigen die je moest doorstaan en de offers die je hebt gebracht.

5: Creëer een zakelijke groeinatie:

Bedrijfscultuur is een van de belangrijkste aspecten van de ontwikkeling van een bedrijf. Bedrijven groeien als ze een cultuur van inventiviteit, creativiteit en samenwerking omarmen.

Cultuur is niet alleen een toevoeging aan uw bedrijf, het is de basis waarop u alle andere aspecten van uw bedrijf bouwt. werknemers moeten begrijpen hoe hun werk bijdraagt aan het succes van de vereniging en zich gesterkt voelen om valkuilen te nemen zonder angst voor represailles.

Veel bedrijven begrijpen niet waarom cultuur belangrijk is, en evenzo steken ze niet genoeg tijd of energie in het cultiveren van hun cultuur. In dit bericht zullen we bespreken hoe u de cultuur van uw bedrijf kunt cultiveren om uw bedrijf te laten groeien.

Uitbreiding van de markt

De alternatieve groeistrategie is verzoekuitbreiding. Om verzoekuitbreiding na te streven, moet een bedrijf eerst nieuwe verzoeken identificeren die het mogelijk kan invoeren.

Het ontwikkelt ook producten of diensten die deze nieuwe verzoeken aanspreken en werkt om gasten in deze markt te winnen. Ze moeten echter wel

Als een bedrijf ervoor kiest om deel te nemen aan deze strategie.

Voer nieuwe geografische verzoeken in

Voer nieuwe klantonderdelen in binnen verzoeken

Ontwikkel nieuwe distributiekanalen.

Product ontwikkeling

Wanneer een bedrijf zich bezighoudt met productontwikkeling als de gekozen groeistrategie, moet het eerst impliciete nieuwe producten of diensten identificeren die het zou kunnen aanbieden.

Dit vereist een kleinere investering, aangezien een bedrijf meer plutocrat in zijn R&D-afdelingen kan stoppen, evenals een verdere ambitieuze cultuur binnen het establishment.

Productgestuurde groei

Productgestuurde groeibedrijven zijn bedrijven die voornamelijk groeien door het opgeven en uitbreiden van hun product, in plaats van via andere kanalen zoals marketing of bedrijfsontwikkeling.

In veel gevallen hebben productgestuurde groeibedrijven een freemium-model, waarbij het kernproduct gratis wordt aangeboden en nieuwe functies of diensten worden aangerekend.

Er zijn veel cruciale kenmerken die een productgestuurd groeibedrijf definiëren

Het product is de belangrijkste aanjager van groei

Het product wordt gratis aangeboden, of heeft een freemium-model

Het bedrijf richt zich meer op de toetreding van stoners dan op winstgroei

Het bedrijf leunt sterk op mond-tot-mondreclame en virale marketing

Het bedrijf heeft een sterke focus op retentie en betrokkenheid

Er zijn tal van voorbeelden van bedrijven die met succes een productgestuurde groeistrategie hebben gebruikt om schaalgrootte te bereiken.

Slack, het platform voor zakelijke verzendingen, is een van de bekendste voorbeelden. Slack groeide in slechts 18 maanden van nul naar 10 miljoen drugsverslaafden, grotendeels door mond-tot-mondreclame en virale marketing.

Nu we hebben besproken hoe bedrijven kunnen groeien, gaan we dieper in op de voordelen van een sterke cultuur voor een bedrijf en hoe dit daadwerkelijk kan leiden tot groei.

Verlaagde stressniveaus

Cultuur is niet alleen cruciaal voor de manier waarop mensen samenwerken, maar heeft ook invloed op het welzijn van de handen, zowel buiten als buiten kantoor. Een sterke cultuur kan helpen stress te verminderen en de productiviteit te verhogen, waardoor u meer succesvolle zakelijke bijeenkomsten en evenementen kunt organiseren.

Bedrijfscultuur begrijpen

Mindfulness van commerciële of organisatiecultuur in bedrijven en andere verenigingen, vergelijkbaar met universiteiten, dook op in de jaren zestig. De term "commerciële cultuur" ontwikkelde zich in het begin van de jaren tachtig en werd in de jaren negentig algemeen bekend. Commerciële cultuur werd in die tijd door directeuren, sociologen en andere academici gebruikt om het karakter van een bedrijf te beschrijven.

Belang van bedrijfscultuur

Een doordachte, zelfs innovatieve bedrijfscultuur kan bedrijven boven hun concurrenten verheffen en langdurig succes ondersteunen. Een dergelijke cultuur kan:

- Zorg voor een positieve werksfeer
- Zorg voor een betrokken, enthousiast en gemotiveerd personeelsbestand
- Trek waardevolle werknemers aan
- Verlaag de omzet
- Stimuleer en verbeter de prestatiekwaliteit en productiviteit
- Resultaat gunstige bedrijfsresultaten
- Ondersteun de levensduur van een bedrijf
- Versterk het rendement op investering (ROI)
- Zorg voor een onverbiddelijk concurrentievoordeel
- Verduidelijk voor werknemers de doelen van hun functies, afdelingen en een bedrijf in het algemeen

6: Marktanalyse om de strijd in bedrijfsgroei te bestuderen:

Een verzoekanalyse kan u helpen bepalen hoe u uw bedrijf beter kunt plaatsen om concurrerend te zijn en uw gasten van dienst te zijn.

1. Een aanvraaganalyse is een grondige beoordeling van een aanvraag binnen een bepaalde dienst.
2. Een aanvraaganalyse heeft tal van voordelen, zoals het verminderen van de dreiging voor uw

bedrijf en het beter informeren van uw zakelijke meningen.

3. Er zijn zeven manieren om een verzoekanalyse uit te voeren.

4. Deze samenstelling is voor zakelijke bezitters die willen weten waarom ze een verzoekanalyse moeten uitvoeren en hoe ze dit moeten doen.

Inzicht in uw klantenbestand is een van de eerste cruciale manieren om succesvol te zijn in het bedrijfsleven. Zonder te weten wie uw gasten zijn, wat ze willen en hoe ze het van u willen krijgen, kan uw bedrijf moeite hebben om een effectieve marketingstrategie te bedenken. Hier komt een verzoekanalyse om de hoek kijken. Een verzoekanalyse kan een tijdrovend proces zijn, maar het is ongecompliceerd en eenvoudig zelf uit te voeren op zeven manieren.

Wat is een marktanalyse?

Een aanvraaganalyse is een grondige beoordeling van een aanvraag binnen een bepaalde dienst. Je bestudeert de dynamiek van je verzoek, zoals volume en waarde, impliciete klantdelen, kooppatronen, concurrentie en andere belangrijke factoren. Een grondige marketinganalyse zou de volgende vragen moeten beantwoorden

1. Wie zijn mijn impliciete gasten?
2. Wat is het koopgedrag van mijn gasten?
3. Hoe groot is mijn doelverzoek?
4. Hoe belangrijk is het dat gasten bereid zijn te betalen voor mijn product?
5. Wie zijn mijn belangrijkste uitdagers?
6. Wat zijn de sterke punten en zonden van mijn uitdagers?

Wat zijn de voordelen van het uitvoeren van een marketinganalyse?

Een marketinganalyse kan de dreiging verminderen, opkomende trends identificeren en helpen bij het ontwerpen van winst. U kunt een marketinganalyse in verschillende stadia van uw bedrijf gebruiken, en het kan inderdaad nuttig zijn om er elke keer een uit te voeren om op de hoogte te blijven van belangrijke wijzigingen in het verzoek.

Een gedetailleerde verzoekanalyse zal over het algemeen deel uitmaken van uw bedrijfsplan, omdat het u minder inzicht geeft in uw volgers en concurrentie. Dit zal je helpen bij het maken van een verdere gerichte marketingstrategie.

Dit zijn enkele andere belangrijke voordelen van het uitvoeren van een marktanalyse:

- Vermindering van bedreigingen Als u weet wat uw verzoek is, kunt u de valkuilen in uw bedrijf verminderen, aangezien u inzicht krijgt in de belangrijkste trends in verzoeken, de belangrijkste spelers in uw toewijding en wat er nodig is om succesvol te zijn, wat allemaal uw zakelijke mening zal onderbouwen. Om u te helpen uw bedrijf verder te dekken, kunt u ook een nerdanalyse uitvoeren, die de sterke punten, zonden, openingen en valkuilen voor uw bedrijf identificeert.
- Gerichte producten of diensten U kunt uw gasten veel beter van dienst zijn als u precies weet wat ze van u verwachten. Als u weet wie uw gasten zijn, kunt u die informatie gebruiken om de instortingen van uw bedrijf af te stemmen op de behoeften van uw gasten.
- Opkomende trends Voorop blijven in het bedrijfsleven gaat vaak over het als eerste opmerken van een nieuwe gelegenheid of trend, en het gebruik van een marketinganalyse om op de hoogte te blijven van hardnekkige trends is een geweldige manier om jezelf te positioneren om van deze informatie te profiteren.
- winstuitsteeksels Een aanvraagcast is een cruciaal onderdeel van de beste marketinganalyses, omdat het de ongeboren cijfers, kenmerken en trends in uw doelaanvraag projecteert. Dit geeft u een idee van de winst die

u kunt verwachten, zodat u uw bedrijfsplan en budget dienovereenkomstig kunt acclimatiseren.

- Waarderingscijfers Het kan delicaat zijn om het succes van uw bedrijf buiten de pure cijfers om te peilen. Een verzoekanalyse levert cijfers of cruciale prestatie-indicaties op waarmee u uw bedrijf kunt beoordelen en hoe goed u het doet in vergelijking met anderen in uw ijver.

- omgeving voor eenmalige misrekeningen Marketinganalyses kunnen de geschiedenis van uw bedrijf misrekeningen of onregelmatigheden in de ijver verklaren. Ter illustratie kunnen diepgaande analyses verklaren wat de handel in een specifiek product beïnvloedde, of waarom een bepaalde statistiek zo presteerde. Dit kan u helpen voorkomen dat u die misrekeningen opnieuw maakt of analoge anomalieën doorgeeft, omdat u geschikt bent om te ontleden en te beschrijven wat er fout ging en waarom.

- Marketingoptimalisatie Dit is waar een periodieke marketinganalyse van pas komt – regelmatige analyse kan uw voortdurende marketinginspanningen informeren en u laten zien welke aspecten van uw marketing werk nodig hebben, en welke goed presteren in vergelijking met de andere bedrijven in uw ijver.

Hoe een marktanalyse uit te voeren

Hoewel het uitvoeren van een marketinganalyse geen ingewikkeld proces is, is er wel veel onderzoek voor nodig, dus wees bereid om veel tijd aan het proces te besteden.

Dit zijn de zeven manieren om een verzoekanalyse uit te voeren:

Bepaal je doel:

Er zijn tal van redenen waarom u een verzoekanalyse uitvoert, bijvoorbeeld om uw concurrentie te peilen of om een nieuw verzoek te begrijpen. Wat uw reden ook is, het is belangrijk om het precies te definiëren om u tijdens het hele proces op het goede spoor te houden. Begin met te beslissen of uw doel intern is – zoals het perfectioneren van uw cashinstroom of bedrijfsvoering – of extern, zoals het zoeken naar een zakelijke lening. Uw doel bepaalt het type en de hoeveelheid onderzoek die u gaat doen.

Onderzoek de toestand van de industrie.

Breng een gedetailleerd beeld van de huidige staat van uw assiduity in kaart. Vermeld waar de ijver naar toe lijkt te gaan, met behulp van criteria zoals omvang, trends en verwachte groei, met een overvloed aan gegevens om uw bevindingen te ondersteunen. U kunt ook een relatieve aanvraaganalyse uitvoeren om u te helpen uw concurrentievoordeel te vinden binnen uw specifieke aanvraag.

Identificeer uw doelgroep.

Niet iedereen in de wereld zal uw klant zijn en het zou zonde van uw tijd zijn om te proberen iedereen geïnteresseerd te krijgen in uw product. gebruik liever een analyse van het doelverzoek om te beslissen wie het meest waarschijnlijk uw product wil hebben en concentreer u daarop. U wilt de grootte van uw verzoek begrijpen, wie uw gasten zijn, waar ze vandaan komen en wat hun koopadviezen kan beïnvloeden. Kijk hiervoor naar demografische factoren zoals deze

- Leeftijd
- Geslacht
- positie
- Bezigheid
- Onderwijs
- Behoeften

- Interesses

Tijdens uw verkenning kunt u overwegen een klantprofiel of persona te maken die uw ideale klant weerspiegelt om als model te dienen voor uw marketingzweten

Begrijp uw concurrentie.

Om succesvol te zijn, heb je een goed begrip nodig van je uitdagers, inclusief hun verzoekachromatisme, wat ze anders doen dan jij, en hun sterke punten, zonden en voordelen in het verzoek. Begin met het opsommen van al je belangrijkste uitdagers, doorloop ook die lijst en voer een nerdanalyse uit van elke kanshebber. Wat heeft dat bedrijf dat jij niet hebt? Wat zou ertoe leiden dat een klant dat bedrijf verkiest boven het uwe? Verplaats je in de schoenen van de klant.

rangschik ook uw lijst met uitdagers van meest tot minst hangende , en bepaal een tijdlijn om regelmatig nerdanalyses uit te voeren op uw meest bedreigende uitdagers.

7: Bewijs uw verkopen:

Dealsplannen zijn essentieel voor elk bedrijf dat plutocraat wil worden en zijn pretenties wil waarmaken. Maar al te vaak ontbreken bovendien dealplannen of worden deze onvoldoende uitgevoerd. Dit komt over het algemeen omdat ze worden gezien als tijdrovend en delicaat om in elkaar te zetten. toch kan het maken van een dealplan met de juiste aanpak gemakkelijk en zelfs plezierig zijn! Dan zijn er 10 tactische manieren om een kogelvrij dealplan-sjabloon te maken

Wat is een dealplan-sjabloon

Een dealplan-sjabloon is een document dat de pretenties en doelstellingen van een dealpeloton of individuele verkoper schetst. De sjabloon bevat over het algemeen secties over verzoekanalyse, doelgasten, dealstrategieën en dealsvaticinatoren.

1. Stel realistische pretenties voor deals in

Voordat we het hebben over hoe je deals gaat sluiten, laten we het hebben over pretenties.

Uw deals-sjabloon heeft een doel nodig. U moet een getal instellen — of het nu gaat om deals, gasten of een andere maatstaf — waarmee u het succes van uw plan kunt bepalen. Zonder dit cruciale element zal het delicaat zijn om de voortgang bij te houden en gaandeweg de nodige wijzigingen aan te brengen.

Het stellen van haalbare, maar afmattende, pretenties voor uw peloton is een van de belangrijkste effecten die u als dealdirecteur kunt bereiken.

Wanneer u uw eerste document voor het plannen van deals maakt, is het normaal dat u het bij het verkeerde eind heeft over sommige van uw hypothesen en uitsteeksels. Zorg ervoor dat u moderniseert wat gestroomlijnd moet worden wanneer het tijd is om uw document te moderniseren.

Het is belangrijk dat u uw dealprocessen naar behoefte moderniseert en herziet. Op die manier kunt u de effectiviteit ervan verbeteren.

2. Definieer duidelijk uw deadlines en mijlpalen

De enige manier om zeker te weten of uw hypothesen over uw dealsplan op de goede weg zijn, is door dat grote ding op te splitsen in lagere pretenties met vaste tijdlijnen.

Mijlpalen voor deals zijn punten in uw dealproces waarop u incheckt om te zien of u uw aandeel hebt gehaald.

Het creëren van duidelijke, haalbare pretenties is essentieel voor elk succesvol dealproces. Deze pretenties en de bijbehorende tijdlijnen moeten afmattend maar realistisch zijn. Ze moeten volledig en hoffelijk worden uitgewerkt en ze moeten op een manier worden gemaakt die uw verkopers motiveert.

start door te kijken naar de deals van uw vorige tijd (indien mogelijk). Vergelijk deze cijfers vervolgens met assiduity-pars om te zien hoe je omhoog gaat. Dit zou u een idee moeten geven van hoe groot uw stijging moet zijn om uw maandelijkse pretenties te halen.

Vraag de leden van je peloton wat ze tijdens de werkweek doen. Ontdek hoeveel uren ze besteden aan deals, onderzoeken en sluiten van deals. Kijk of ze tijdens de week vrije tijd hebben die ze aan andere taken kunnen besteden.

Dit geeft echt, frontaal inzicht in het stellen van pretenties voor uw deals.

Stel vervolgens uw pretenties en tijdlijnen in. Deze moeten echt specifiek zijn en een tijdschema bevatten. Op die manier kunt u uw voortgang bijhouden en ervoor zorgen dat u uw doelen op tijd behaalt.

3. Kies een niche om op te focussen

De 'niche' van een bedrijf is het gebied dat het vult, niet alleen met zijn producten of diensten, maar ook met zijn inhoud, bedrijfscultuur, merk en communicatie. Het definieert hoe een bedrijf wordt gezien door zowel gasten als uitdagers.

Zoals ondernemer en investeerder, Jason Zuck, aangeeft: "Als je alles voor iedereen probeert te zijn, ben je uiteindelijk voor niemand iets".

Voordat u inderdaad een prospect vraagt om uw klant te worden, voegt u waarde toe aan hun leven.

Hoe meer bekendheid u krijgt in uw specifieke niche, hoe groter de kans dat u uw pretenties en doelen in uw bedrijfsplan haalt.

bevestigen op een enkel nicheverzoek betekent niet dat u uw bedrijf niet kunt laten groeien. Begin met het bevestigen van slechts één product of dienst in uw niche en breid het ook uit naar een bijna aangesloten verzoek. Dit kan u helpen een betere zichtbaarheid te krijgen en uw kansen te vergroten om de pretenties van uw deals te halen.

U kunt uw handgesmeed aardewerk opsturen, of u kunt een conglomeraat onderleggers beginnen.

Of op maat gemaakte pollepels?

Een nicheverzoek is niet beperkend. Het is gefocust.

4. Ken uw doelgroepen

Verspil geen tijd of plutocrat door slechte openingen na te jagen. Zorg ervoor dat ze je kanaal niet binnendringen.

Zodra u uw ideale klant heeft gekoppeld, is het belangrijk om zo veel mogelijk onderzoek naar hen te doen.

Wat moet u precies opnemen over uw beoogde klant in uw bedrijfsplan?

Het hangt af van uw bedrijf en uw vakgebied, maar begin met enkele algemene details, zoals het aantal werknemers, de functie en de toewijding waarin u werkt. Vermeld ook gemeenschappelijke kenmerken van uw topgasten of het type klant dat u wilt aantrekken.

Vergeet niet te overwegen of ze goed passen.

Een deals lead kwalificatieproces helpt uw dealspeloton erachter te komen welke gasten de moeite waard zijn en welke botten

zijn niet.

Zodra u de soorten bedrijven die u wilt communiceren, hebt gekoppeld, begint u ze te onderzoeken. Zoek uit waar ze online zijn, welke soorten publicaties ze lezen en waar ze naar toe gaan om te netwerken.

Als je eenmaal weet waar ze hun tijd doorbrengen, is het tijd om te begrijpen waar ze naar kijken. Wat zijn hun pijnpunten? Wat willen ze bereiken? Waar hechten ze waarde aan? Wat motiveert hen?

Verplaats je in de schoenen van je klant.

5: Stel een prospectlijst op

Nu je je ideale klant hebt gekoppeld, is het tijd om een lijst te maken om aan die bedrijven te verkopen.

Een prospectielijst is het onderdeel van ons dealproces waarbij we de verkenning en het voorstel uit eerdere secties in de praktijk brengen.

Een database met impliciete gasten vormt de basis van elke succesvolle dealstrategie. Deze database kan tijdrovend zijn om te maken, maar is absoluut cruciaal.

Gebruik uw klantpersona om ideale gasten te vinden

Begin met het onderzoeken van ideale gasten om een lijst met impliciete dealsdoelen op te stellen. U kunt tools zoals Linkedin, originele netwerkgroepen en Google gebruiken om meer te weten te komen over uw doelbedrijf.

Focus op 5-10 mensen bij elk bedrijf.

Door verder te reiken dan één prospect vergroot je de kans dat je de juiste persoon bereikt. Door met meerdere mensen in contact te komen, vergroot u ook de kans dat een van hen u in verband brengt met de persoon met wie u probeert te communiceren.

Zodra u uw lijst met leads heeft, is het belangrijk om bij te houden hoe u elke prospect instelt. Een CRM-systeem kan u helpen om letterlijke informatie bij te houden, onherkenbaar zweten te helpen als u deel uitmaakt van een dealpeloton en uw klantgegevens te polariseren.

De reden voor het starten van een bedrijf is om een product of dienst te verkopen. Het verbazingwekkende is nog steeds dat de meeste bedrijven de neiging hebben om hun focus te leggen op productontwikkeling en marketingstrategieën, waarbij ze de noodzaak om een dealstrategie te lenen negeren. Hoewel deze twee belangrijk zijn om ervoor te zorgen dat u producten heeft om te verkopen en mensen ongerust zijn over uw bedrijf, loopt u het risico om goede winsten te maken als u een dealstrategie rechtvaardigt.

een strategie voor goede deals omschrijft perfect de tactieken die u zult gebruiken om nieuwe gasten te werven, meer producten en diensten te verkopen en de relatie met het gast zijn te versterken. Alle drie zijn kritiek als

u moet uw winst vergroten die uw bedrijf naar de komende positie zal brengen.

Met dat in gedachten zijn er 5 redenen waarom het belangrijk is om een dealstrategie voor uw bedrijf te hebben.

Conclusie

Aan de hand van de onderstaande punten kunt u gemakkelijk zien dat u uw bedrijf op het punt staat te mislukken als u een goede dealstrategie rechtvaardigt. Dus ga aan de slag met het definiëren van de pretenties van uw deals, de reis van de gasten voor en na de transactie, en manieren om de klanttevredenheid te verbeteren, naast andere aspecten die van toepassing zijn op het verhandelen van uw producten. Voeg daarnaast praktische resultaten toe die u zullen helpen die pretenties waar te maken.

www.ingramcontent.com/pod-product-compliance
Lightning Source LLC
Chambersburg PA
CBHW071140220526
45467CB00015B/1594